A mi querida hija, Julia.

A mis queridos hijos, Lucas e Irene.

Con la esperanza de que con su juventud
y energía generen un futuro exento de fronteras.

Manuela llevaba años jugando dentro de los límites de su jardín. Aunque no había vallas físicas, sus padres le habían inculcado los peligros que corría si traspasaba aquella frontera invisible.

Un día, su pelota de papel de periódico voló rodando a aquel espacio prohibido para ella. Su sangre se congeló, había traspasado los límites permitidos. Paralizada, miraba el jardín vecino.

Si la descubrían, vendrían rigurosas advertencias acerca de su mal llevada infancia. La parálisis se le agudizó con ese pensamiento y hasta sudó.

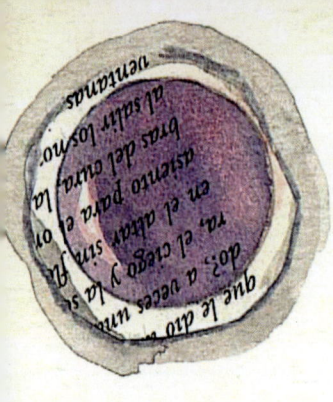

Anduvo despacio hacia aquella tierra extraña. Primero un pie, después el otro. Ninguna alarma sonó. Caminó hacia su objetivo rodante. En cuanto lo alcanzara, retrocedería, nadie sabría nada de aquello.

El aire estaba aquel día revoltoso y cada vez que ella casi la alcanzaba, la pelota rodaba en direc- ción a aquella casa horrible, llena, seguramente, de gente atroz.

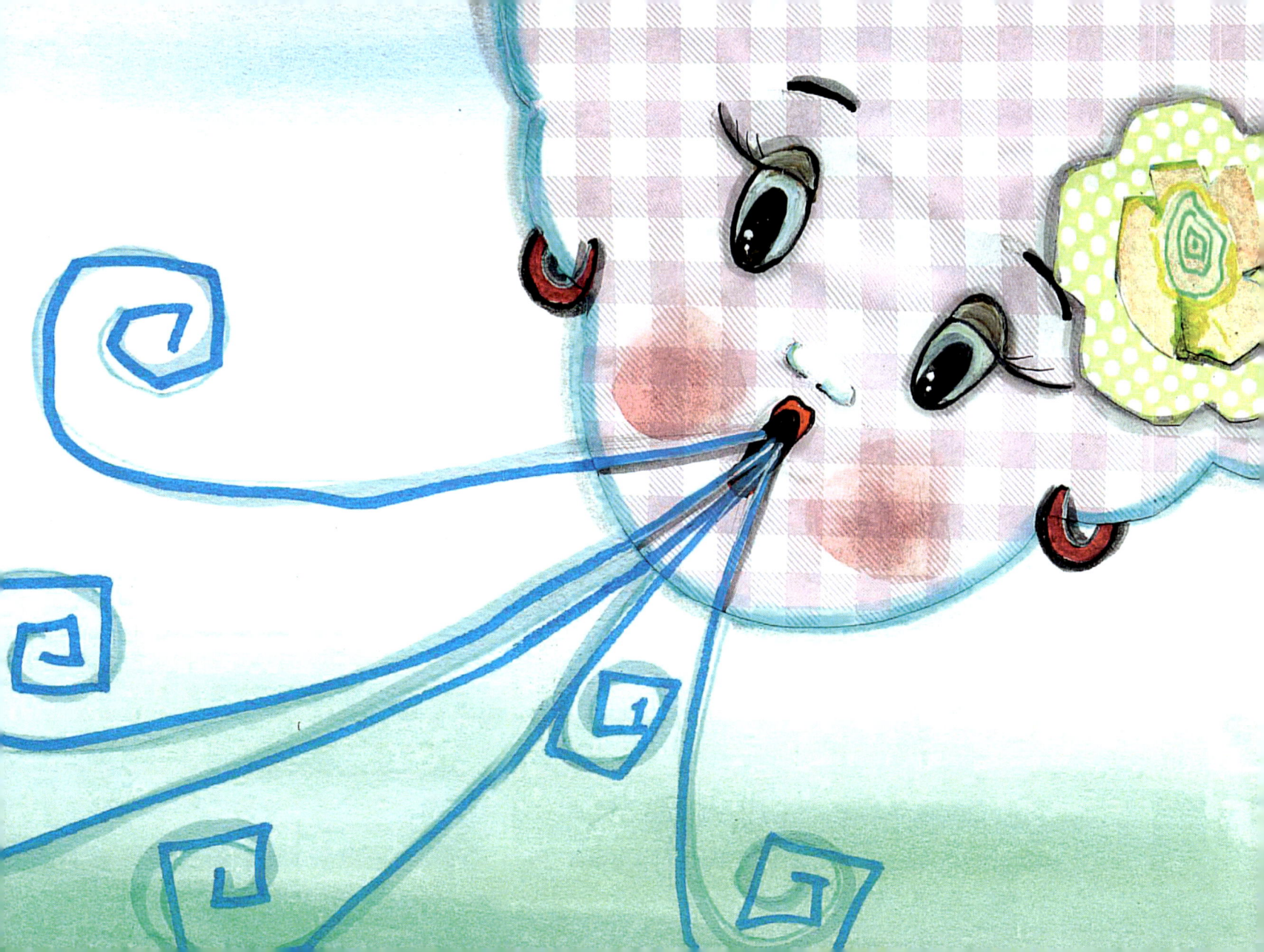

De pronto, una voz chillona y poco acostumbrada a usar sus cuerdas vocales le habló desde una venta-na. Sus palabras resultaron ser gallos de pelea en un corral.

—Oye, ¿tú quién eres? ¿Qué haces en mi jardín? Dime al menos cómo te llamas.

Manuela, asustadísima, quiso correr, pero las piernas no le respondían ni tampoco su voz.

—Mis papás dicen que
nadie puede estar aquí
dentro.

—Soy Manuela —dijo más relajada—, tu vecina. Mi pelota ha volado hasta aquí y quisiera recuperarla.

—Pero, tú eres normal. No eres como esos monstruos con los que sueño de noche.

Coge la pelota, sal corriendo hasta que estés segura en tu casa, no se lo diré a nadie, pero a cambio tendremos que volver a vernos en otro momento.

—Imposible, no volveré a arriesgarme nunca más.

—Pero yo quiero ser tu amiga.

—Imposible. Las amigas juegan juntas, hablan sin miedo, intercambian juguetes y comparten espacios. Nosotras no podemos.

Manuela cogió la pelota y corrió a su casa con ella aplastada contra su pecho.

Nadie, excepto la voz de la ventana, la había descubierto...

Pero aquella noche se fue a la cama asustada y con dolor de barriga. No pudo dormir.

Por la mañana desayunó pan con aceite y un plátano.

Después, volvió a salir al jardín con una piedra dentro de su esfera de papel. Comprobó con dolor la tontería.

Piedra dentro

—Shhhh, oye, soy yo, tu amiga en un setenta y cinco por ciento.

—¿Cómo dices? —preguntó Manuela, extrañada.

—Pues que lo único que nos faltaría sería compartir el mismo espacio.

—¿Y cómo podríamos jugar sin compartir espacio?

—Te acercas a mi jardín y yo al tuyo, sin sobrepasar la línea imaginaria. Nadie podrá decirnos nunca que estamos siendo desobedientes. Anímate.

A veces, cada una, desde su territorio,
muertas de risa por el atrevimiento,
alargaban disimuladamente la mano
fuera del límite, desafiando aquellas
disparatadas leyes.

Pactaban continuamente sus juegos y hablaban de casi todo, tanto que a la niña de la ventana se le fue mejorando la voz de gallo.

Forjaron una gran amistad, ¿sin límites?

© María de la Sierra Morales Martínez y Araceli Cantarero Cabello (de la obra)
©Apuleyo Ediciones (de esta edición)
Primera edición en Apuleyo Ediciones: agosto 2024
Diseño de cubierta: Sofía Corzo González
Corrección: Aitor Andreu Guerrero
Maquetación: Ernesto Pérez Martínez
Ilustraciones: Leli Cantarero
Coordinación editorial: Isidoro Cidre González
info@apuleyoediciones.com
www.apuleyoediciones.com
ISBN: 978-84-1060-249-6
Depósito legal: H 266-2024

Hecho e impreso en España.

AL OTRO LADO

APULEYO EDICIONES   FOMENTO DE VALORES   CUENTOS ILUSTRADOS

Marisi Morales Martínez

Leli Cantarero Cabello

APULEYO EDICIONES   FOMENTO DE VALORES   CUENTOS ILUSTRADOS